ENGLISCH DISKUTIEREN

Englisch-deutscher Diskussionswortschatz mit Satzbeispielen

Von
Heinz-Otto Hohmann

Langenscheidt
Berlin München Wien Zürich New York

Auflage:	11. 10. 9. 8.	Letzte Zahlen
Jahr:	1994 93 92 91	maßgeblich

Druck: Druckhaus Langenscheidt KG, Berlin und München
Printed in Germany · ISBN 3-468-42512-0

Vorwort

Jede mündliche oder schriftliche Kommunikation, die über alltägliche Abläufe hinausgeht, setzt die Kenntnis bestimmter Formulierungen des Kommentierens, Argumentierens und Diskutierens voraus. Es handelt sich hier um eine sprachliche Schicht, auf die man im Englischen unabhängig von Themen und Situationen ständig zurückgreift. Die vorliegende Zusammenstellung von Ausdrucksmitteln ist das Ergebnis einer umfangreichen Beobachtung und Analyse des englischen Sprachverhaltens. Sie wurde bewußt auf das Wesentliche begrenzt, um eine nachhaltige Aneignung zu ermöglichen.

Jede englisch-deutsche Lerneinheit besteht aus einer Diskussionswendung und — sofern diese nicht bereits einen vollständigen Satz darstellt — einem typischen Anwendungsbeispiel in der Form eines Einzelsatzes oder einer kurzen Sinneinheit. Das neben den Diskussionswendungen in den Beispielsätzen auftretende Sprachmaterial wurde vor allem unter den Gesichtspunkten der Lebensnähe, der Idiomatik und der vielseitigen Verwendbarkeit ausgewählt. Die Satzbeispiele, denen vielfach Formulierungsvarianten in beiden Sprachen beigegeben sind, dienen nicht nur zur Verdeutlichung von Bedeutung und Anwendung der betreffenden Diskussionswendung, sondern sollen als Modellsätze zusammenhängend eingeprägt werden. Auf diese Weise werden sowohl der Behaltenseffekt als auch die spontane Verfügbarkeit der Ausdrücke erheblich gesteigert. Die einzelnen Lerneinheiten sind alphabetisch nach den halbfett gedruckten Kernwendungen angeordnet worden, wobei die in runden Klammern stehenden Alternativen sowie *to* (als Infinitivmarkierung), *a/an, one's* und *sb./sth. (somebody/something)* unberücksichtigt blieben.

Der Zugang zu der englischen Diskussionsphraseologie wird durch ein detailliertes Stichwortregister auch vom Deutschen her ermöglicht. Ein Anhang mit englisch-deutscher Konferenz-Terminologie rundet das Arbeitsmittel ab.

Wer sich das hier zusammengestellte Sprachmaterial mit den Anwendungsbeispielen nach und nach aneignet, wird eine erhebliche Steigerung seines englischen Ausdrucksvermögens erzielen, denn: Wir bilden unsere Sätze beim Sprechen und Schreiben in der Fremdsprache weitgehend durch Abwandlung uns vertrauter gleichartiger Äußerungen oder, wie Palmer und Blandford es formulieren, „nach analogen Sätzen, die wir uns einmal (bewußt oder unbewußt) eingeprägt haben"[1].

Hinweise zur Arbeit mit dem Diskussionswortschatz

(1) Es empfiehlt sich, die Anwendungsbeispiele laut lesend zu lernen, bis man sie mühelos frei sprechen kann. Da die einzelnen Lerneinheiten unabhängig voneinander sind, ist die Reihenfolge beim Lernen beliebig.

(2) Die gelernten Wendungen und Sätze sollten von Zeit zu Zeit wiederholt werden, um eine sichere Beherrschung zu gewährleisten.

(3) Der Diskussionswortschatz ist auf die Arbeit über einen längeren Zeitraum hin angelegt. Es ist wesentlich effektiver, sich nach und nach jeweils einzelne oder einige Formulierungen mit Satzbeispielen gründlich einzuprägen, als sich zu viel auf einmal vorzunehmen.

(4) Die Verfügbarkeit der Diskussionswendungen kann darüber hinaus gezielt geübt werden,

(a) indem man die Beispielsätze — laut lesend — durch sinnvolle Veränderung einzelner Satzteile (z. B. anderes Subjekt, andere Zeit, Verneinung) mündlich abwandelt;

(b) indem man schriftlich Kurztexte von zwei bis drei Sätzen erstellt, in die sich die (ggf. abgewandelten) Beispielsätze sinnvoll einfügen;

(c) indem man Aussagen in gelesenen Texten (z. B. Zeitungsartikeln oder Erzählungen) mündlich oder schriftlich mit passenden Formulierungen aus dem Diskussionswortschatz verbindet und so zu Diskussions- oder Kommentaräußerungen umgestaltet;

(d) indem man bei schriftlichen Äußerungen (z. B. Kommentaren, Protokollen, Referaten, Zusammenfassungen) möglichst viele Ausdrücke aus dem Diskussionswortschatz zu verwenden versucht.

---

[1] «from analogous sentences which have been (consciously or unconsciously) memorized at some previous time». H. E. Palmer/F. G. Blandford. *A Grammar of Spoken English.* Cambridge: Heffer, 1955, S. XXXI.

Inhaltsverzeichnis

Zeichen und Abkürzungen

(. . .)	Runde Klammern enthalten zusätzliches Sprachmaterial, das an die Stelle des vorausgehenden treten kann.
[. . .]	Eckige Klammern enthalten Wörter und Wendungen, die auch weggelassen werden können.
/	Der Schrägstrich grenzt — wie die runden Klammern — zusätzliche Formulierungen voneinander ab.

sb.	somebody
sth.	something
etw.	etwas
jd	jemand
jm	jemandem
jn	jemanden
js	jemandes
wörtl.	wörtlich

Englisch-deutscher Diskussionswortschatz mit Satzbeispielen

A

Above all, ...

Above all, the Government must take steps right away to prevent a famine.

according to ....

According to the findings of psychology, frustration often leads to aggression.

to advocate [doing] sth. ....

He has always advocated cleaning up the slums and providing education and employment for all.

to affect sb./sth. ....

Some observers claim that the stress of modern life has affected all age-groups by now.

to agree with sb. ....

I quite agree with Mr Johnson.

All in all, ...

All in all, Newcastle is a very good place to live.

All that belongs to the past. ....

All that matters (The only thing that matters) is that ... .

All that matters (The only thing that matters) now is that the new Government brings about the necessary reforms without delay.

Vor allem ...

Vor allem muß die Regierung unverzüglich (sofort) Schritte unternehmen, um eine Hungersnot zu verhindern.

nach ... / ... zufolge

Nach den Erkenntnissen (Forschungsergebnissen) der Psychologie/Den Erkenntnissen (Forschungsergebnissen) der Psychologie zufolge führt Frustration oft zu Aggression.

eintreten für etw./sich einsetzen für etw.

Er ist immer dafür eingetreten/Er hat sich immer dafür eingesetzt, die Slums (Elendsviertel) zu beseitigen und allen Ausbildung und Arbeit zu beschaffen.

sich auswirken auf jn (etw.)/jn (etw.) betreffen

Einige Beobachter behaupten, daß sich der Streß des modernen Lebens inzwischen (mittlerweile) auf alle Altersgruppen auswirkt.

der gleichen Ansicht/Meinung sein wie jd

Ich bin genau der gleichen Ansicht/Meinung wie Herr Johnson.

Alles in allem ...

Alles in allem lebt es sich sehr gut in Newcastle.

Das alles gehört der Vergangenheit an/ist nicht mehr aktuell.

Alles worauf es ankommt (Das einzige worauf es ankommt) ist, daß ...

Alles worauf es jetzt ankommt (Das einzige worauf es jetzt ankommt) ist, daß die neue Regierung unverzüglich die notwendigen Reformen herbeiführt.

to amount to sth. ....

1 It amounts to this: They must recognize the new regime.
2 It (That) amounts to the same thing.

[And] what is more, ...

Noise is one of the most unpleasant features of modern life. [And] what is more, it contributes to stress.

Anyway, ... (Anyhow, ...) ....

Anyway (Anyhow), I am all for the experiment.

to apply to sb./sth. ....

1 The new regulations apply to all members of the club.
2 This rule does not apply to all schools.

to arouse interest (curiosity, sympathy, suspicion) ....

In the London of today the performance of this play would not arouse great interest.

as a matter of fact ....

As a matter of fact, I would rather go away at the weekend.

as a rule ....

As a rule, the tunnels are examined every two weeks.

As far as I am concerned, ...

As far as I am concerned, I really cannot understand what all the fuss is about.

As far as I know, ...

As far as I know, you must always state clearly what the material is intended for.

as for ....

The old house over there is to be renovated. As for the others, they will either be sold or pulled down.

[letzten Endes] hinauslaufen auf etw./letztlich bedeuten

1 Es läuft [letzten Endes] darauf/auf folgendes hinaus:/Es bedeutet letztlich: Sie müssen das neue Regime anerkennen.

2 Es (Das) läuft/kommt auf dasselbe hinaus.

[Und] was noch wichtiger ist, ...

Lärm ist eins der unangenehmsten/unerfreulichsten Merkmale des modernen Lebens. [Und] was noch wichtiger ist, er trägt [seinen Teil] zum Streß bei.

Wie dem auch sei, ...

Wie dem auch sei, ich bin auf jeden Fall für den Versuch/das Experiment.

gelten für jn (etw.)/sich beziehen auf jn (etw.)

1 Die neuen Bestimmungen gelten für alle Mitglieder des Klubs/Vereins.

2 Diese Regel gilt nicht für/bezieht sich nicht auf alle Schulen.

Interesse (Neugier, Mitgefühl, Argwohn/Verdacht) erregen

Im heutigen London würde die Aufführung dieses Stücks kein großes Interesse erregen.

eigentlich/im Grunde genommen (als Gesprächseinleitung oft ohne übersetzbare Bedeutung)

Eigentlich/Im Grunde genommen möchte ich lieber am Wochenende verreisen.

in der Regel/normalerweise

In der Regel/Normalerweise werden die Tunnel alle zwei Wochen/alle vierzehn Tage überprüft.

Was mich betrifft/angeht/anbelangt ...

Was mich betrifft/angeht/anbelangt, kann ich wirklich/beim besten Willen nicht verstehen, was das ganze Getue soll.

Soviel ich weiß, ...

Soviel ich weiß, muß man immer genau angeben, wofür das Material bestimmt/vorgesehen ist.

was ... betrifft/anbelangt

Das alte Haus da drüben soll renoviert werden. Was die anderen betrifft/anbelangt, werden sie entweder verkauft oder abgerissen [werden].

as is often the case ....

Though the two scientists did not want any publicity, newspapers, as is often the case, began to publicize their discovery.

as opposed to ....

The French drink a lot of wine, as opposed to the English, who seem to prefer beer.

. . . **, as the case may be** ....

Mr Gates arrives home at six o'clock or seven o'clock, as the case may be.

. . . **, as the saying goes.** ....

"The exception proves the rule", as the saying goes.

an attitude to (towards) sth. ....

What is your attitude to (towards) capital punishment?

B

to base an assertion (a report, etc.) on some evidence ....

I assume he bases this sweeping assertion on some evidence.

to be all the more interesting (astonishing, etc.) as ....

This is all the more interesting as productivity has been steadily falling in the last few years.

to be an exception to the rule ....

Normally terrorists from abroad are extradited at once. The case of Konski is an exception to the rule.

to be at stake ....

The whole future of the party is at stake.

wie es oft der Fall ist/wie es oft vorkommt

Obwohl die beiden Wissenschaftler keine Publizität/kein Aufsehen in der Öffentlichkeit wollten, fingen die Zeitungen, wie es oft der Fall ist/wie es oft vorkommt, an, ihre Entdeckung groß herauszubringen.

im Gegensatz zu (nicht am Satzanfang!)

Die Franzosen trinken viel Wein, im Gegensatz zu den Engländern, die Bier vorzuziehen scheinen.

... , je nachdem

Herr Gates kommt um sechs [Uhr] oder um sieben [Uhr] nach Hause, je nachdem.

... , wie man sagt/wie es heißt.

„Die Ausnahme bestätigt die Regel", wie man sagt/wie es heißt.

eine Einstellung gegenüber etw.

Was ist deine/Ihre Einstellung gegenüber der Todesstrafe?

eine Behauptung (einen Bericht, usw.) auf irgendwelches Beweismaterial stützen

Ich nehme [selbstverständlich] an/Ich gehe davon aus, daß er diese summarische Behauptung auf irgendwelches Beweismaterial stützt.

um so interessanter (erstaunlicher, usw.) sein, als

Das ist um so interessanter, als die Produktivität in den letzten Jahren ständig gefallen ist.

eine Ausnahme von der Regel sein

Normalerweise werden Terroristen aus dem Ausland sofort ausgeliefert. Der Fall Konski ist eine Ausnahme von der Regel.

auf dem Spiel stehen

Die ganze Zukunft der Partei steht auf dem Spiel.

to be aware (unaware) of a problem (difficulty, etc.) ....
A lot of people are aware (unaware) of the problems facing the British Welfare State today.

to be based on facts ....
I wonder whether this article is really based on facts.

to be beside the point ....
What he writes about the strike is beside the point.

to be concerned with sth. ....
The author is mostly concerned with social problems.

to be contradictory to sth. ....
The violation of human rights in that country is contradictory to the spirit of the Olympic Games.

to be convinced that ....
I am quite convinced that this film will be a sweeping success.

to be divided on sth. ....
The ministers are divided on the subject.

to be [entirely] of sb.'s opinion ....
I am [entirely] of your (of the author's) opinion.

to be far from universal ....
Unfortunately this practice is far from universal.

to be in a position to do sth. ....
I have never been in a position to try it out.

sich eines Problems (einer Schwierigkeit, usw.) bewußt (nicht bewußt) sein

Viele Leute sind sich der Probleme bewußt (nicht bewußt), denen der britische Wohlfahrtsstaat heute/heutzutage gegenübersteht.

auf Tatsachen beruhen/basieren

Ich möchte einmal wissen/Ich frage mich, ob dieser Artikel wirklich auf Tatsachen beruht/basiert.

an der Sache vorbeigehen/nicht zur Sache gehören

[Das] was er über den Streik schreibt, geht an der Sache vorbei/gehört nicht zur Sache.

sich mit etw. befassen/beschäftigen

Der Autor/Verfasser befaßt sich in der Hauptsache/beschäftigt sich hauptsächlich mit sozialen/gesellschaftlichen Problemen.

im Widerspruch stehen zu etw./unvereinbar sein mit etw.

Die Verletzung der Menschenrechte in dem Land steht im Widerspruch zu/ist unvereinbar mit dem Geist der Olympischen Spiele.

davon überzeugt sein, daß

Ich bin fest davon überzeugt, daß dieser Film ein durchschlagender Erfolg [sein] wird.

geteilter Meinung sein in etw.

Die Minister sind geteilter Meinung in der Sache/Angelegenheit.

[völlig/ganz und gar] js Meinung sein

Ich bin [völlig/ganz und gar] deiner/Ihrer Meinung (der Meinung des Autors).

alles andere als/keineswegs allgemein üblich sein

Leider ist diese Verfahrensweise alles andere als/keineswegs allgemein üblich.

in der Lage sein, etw. zu tun

Ich bin [noch] nie in der Lage gewesen, es auszuprobieren.

to be in keeping with sth. ....
That is not in keeping with what he always says.

to be in sb.'s line ....
This sort of thing is not in my line.

to be in line with sth. ....
That is not in line with his conception of life at all.

to be inconsistent for sb. to do sth. ....
It is inconsistent for journalists to demand more information from the Government while withholding information about the press.

to be [largely] due to sth. ....
These difficulties are [largely] due to two factors.

to be of the opinion that ....
I am of the opinion that depression does not generally come out of the blue.

to be on a collision course with sb. ....
The TUC is on a collision course with the CBI. (TUC: Trades Union Congress / CBI: Confederation of British Industry)

to be on the increase (on the decrease) ....
Riding schools are on the increase (on the decrease).

to be prejudiced against sb. ....
He seems to be prejudiced against foreigners.

to be [quite] right in saying that ....
You are [quite] right in saying that most applicants just do not qualify for the job.

im Einklang stehen mit etw./einer Sache entsprechen

Das steht nicht im Einklang mit/entspricht nicht dem, was er [sonst] immer sagt.

in js Fachgebiet fallen

So etwas fällt nicht in mein Fachgebiet/schlägt nicht in mein Fach.

übereinstimmen mit etw./einer Sache entsprechen

Das stimmt überhaupt nicht mit seiner Lebensauffassung überein/entspricht überhaupt nicht seiner Lebensauffassung.

inkonsequent sein, wenn jd etw. tut

Es ist inkonsequent, wenn Journalisten mehr Information(en) von der Regierung fordern/verlangen, während sie [selbst/ihrerseits] Informationen über die Presse zurückhalten.

[im wesentlichen] zurückzuführen sein auf

Diese Schwierigkeiten sind [im wesentlichen] auf zwei Faktoren zurückzuführen.

der Meinung sein, daß

Ich bin der Meinung, daß eine Depression im allgemeinen nicht [einfach so] [wie ein Blitz] aus heiterem Himmel(= völlig unerwartet) kommt.

auf Kollisionskurs mit jm sein (= eine Auseinandersetzung mit jm anstreben)

Der [britische] Gewerkschaftsbund ist auf Kollisionskurs mit dem [britischen] Arbeitgeberverband.

zunehmen/immer mehr geben (abnehmen/immer weniger geben)

Es gibt immer mehr (immer weniger) Reitschulen.

voreingenommen sein gegenüber jm

Er scheint Ausländern gegenüber voreingenommen zu sein.

[ganz/durchaus/völlig] recht haben, wenn jd sagt, daß

Du hast/Sie haben [ganz/durchaus/völlig] recht, wenn du sagst/Sie sagen, daß die meisten Bewerber für die Stelle einfach nicht in Frage kommen.

to be [quite] wrong in saying that ....
You are [quite] wrong in saying that most applicants just do not qualify for the job.

to be under discussion ....
This problem is still under discussion.

to be under the impression that ....
I am under the impression that he is afraid to take the risk.

to be worth pointing out ....
It is worth pointing out that each car was tested by six professional testers.

to beat about the bush ....
I do not want to beat about the bush.

to become aware of the fact that ....
She became aware of the fact that she had been mistaken.

to become increasingly difficult to do sth. ....
It is becoming increasingly difficult to tell one small car from another.

Besides (Furthermore/Moreover/In addition), ...
Besides, the Government is prepared to provide money in the form of loans.

to boil down to sth. ....
1 All the proposed solutions now boil down to one: strong money and free trade.
2 What she has said boils down to this, that she does not have the nerve to tell him the truth.

borderline case ....
That is a borderline case.

sich [sehr/gewaltig] irren, wenn jd sagt, daß

Du irrst dich/Sie irren sich [sehr/gewaltig], wenn du sagst/Sie sagen, daß die meisten Bewerber für die Stelle einfach nicht in Frage kommen.

in der Diskussion sein/erörtert werden

Dieses Problem ist immer noch in der Diskussion/wird immer noch erörtert.

den Eindruck haben, daß

Ich habe den Eindruck, daß er Angst hat/sich scheut, das Risiko einzugehen.

sich lohnen, darauf hinzuweisen/nicht uninteressant sein zu wissen

Es lohnt sich, darauf hinzuweisen/Es ist nicht uninteressant zu wissen, daß jeder Wagen von sechs berufsmäßigen Testern geprüft worden ist.

um die Sache herumreden

Ich möchte nicht um die Sache herumreden.

sich der Tatsache bewußt werden, daß

Sie wurde sich der Tatsache bewußt, daß sie sich geirrt hatte.

immer schwerer werden, etw. zu tun

Es wird immer schwerer, einen kleinen Wagentyp vom anderen zu unterscheiden.

Außerdem (Ferner/Darüber hinaus) ...

Außerdem (Ferner/Darüber hinaus) ist die Regierung bereit, Geld in der Form von Darlehen/Krediten bereitzustellen/zur Verfügung zu stellen.

[letzten Endes] hinauslaufen auf etw.

1 Alle vorgeschlagenen Lösungen laufen jetzt [letzten Endes] auf [diese] eine hinaus: harte Währung und freier Handel.

2 [Das] was sie gesagt hat, läuft [letzten Endes] darauf hinaus, daß sie nicht den Mut/die Nerven hat, ihm die Wahrheit zu sagen.

Grenzfall

Das ist ein Grenzfall.

to bring sth. home to sb. ....
I tried to bring it home to him that he could not solve his problems by drinking.

to bring up the question of ... .
I then brought up the question of juvenile delinquency.

by no means ....
This is by no means uncommon.

By the way, ...
By the way, the police are being kept informed of the situation.

C

to call a spade a spade ....
We should call a spade a spade.

to call (to draw) sb.'s attention to sth. (to the fact that) ......
I would like to call (to draw) your attention to a point you have overlooked.

sth. can be seen from the fact that ....
The importance of the new law can be seen from the fact that even the Opposition has voted for it.

sb. cannot afford to do sth. ....
He cannot afford to buy a new car every three years.

sth. cannot be so easily dismissed ....
But European and African opinion cannot be so easily dismissed.

jm etw. klarmachen

Ich versuchte, ihm klarzumachen, daß er seine Probleme nicht mit Trinken/mit Alkohol lösen könnte.

das Problem des/der ... zur Sprache bringen

Dann brachte ich das Problem der Jugendkriminalität zur Sprache.

keineswegs

Das ist keineswegs ungewöhnlich.

Übrigens/Nebenbei bemerkt, ...

Übrigens/Nebenbei bemerkt, die Polizei wird ständig über die Lage [der Dinge] auf dem laufenden gehalten.

die Dinge/das Kind einmal beim Namen nennen (einmal ganz offen reden)

Wir sollten die Dinge/das Kind einmal beim Namen nennen. (Wir sollten einmal ganz offen reden.)

jn aufmerksam machen auf etw. (auf die Tatsache, daß)/js Aufmerksamkeit lenken auf etw. (auf die Tatsache, daß)

Ich möchte dich/Sie auf einen Punkt/eine Frage aufmerksam machen, den/die du übersehen hast/Sie übersehen haben.

etw. ist daran zu erkennen/daraus zu ersehen, daß

Die Bedeutung des neuen Gesetzes ist daran zu erkennen/ daraus zu ersehen, daß selbst/sogar die Opposition dafür gestimmt hat.

jd kann es sich nicht leisten, etw. zu tun

Er kann es sich nicht leisten, alle drei Jahre ein neues Auto zu kaufen.

etw. kann nicht einfach so abgetan werden/über etw. kann nicht einfach so hinweggegangen werden

Aber die öffentliche Meinung in Europa und Afrika kann nicht einfach so abgetan werden./Aber über die ... einfach so hinweggegangen werden.

A case in point: ... .

Despite all the changes that have been going on since World War II, the Englishman remains very class-conscious. A case in point: Last summer ...

sb.'s chances [of doing sth.] are slim ....

His chances [of escaping/of winning, etc.] are slim.

to clarify a position ....

We have not yet come to an agreement, but our positions have at least been clarified.

to come into effect (force) ....

The changes are to come into effect (force) this year.

to come to light ....

News of the fate of the two paintings has come to light only because of information provided by people in the art world.

to come to the point ....

Please come to the point.

contrary to ....

Contrary to his promise a few days ago, it now seems unlikely that elections will be held at the end of December.

to cope with a situation ....

She was unable to cope with the situation.

to count for nothing (for little/for much) ....

To most people, economic problems in faraway places count for nothing (little).

Curiously (Oddly/Strangely) enough ... .

Curiously (Oddly/Strangely) enough it does not seem to occur to him that he might lose his job.

Ein typisches Beispiel: ...

Trotz aller Veränderungen, die seit dem 2. Weltkrieg vor sich gegangen sind, ist der Engländer weiterhin sehr klassenbewußt. Ein typisches Beispiel: Letzten Sommer ...

js Chancen/Aussichten [etw. zu tun] sind gering

Seine Chancen/Aussichten [zu entkommen/zu gewinnen, usw.] sind gering.

eine Position/einen Standpunkt klären/klarstellen

Wir sind noch nicht zu einer Einigung gekommen, aber unsere Positionen/Standpunkte sind wenigstens geklärt/klargestellt worden.

in Kraft treten

Die Änderungen sollen dieses Jahr in Kraft treten.

ans Licht kommen/bekannt werden

Die Nachricht vom Schicksal der zwei Gemälde ist nur/erst aufgrund von Informationen ans Licht gekommen/bekannt geworden, die von Leuten aus der Kunstwelt gegeben wurden.

zur Sache kommen

Bitte komm/kommen Sie zur Sache.

im Gegensatz zu

Im Gegensatz zu seinem Versprechen vor einigen Tagen erscheint es jetzt unwahrscheinlich, daß Ende Dezember Wahlen abgehalten werden.

mit einer Situation fertig werden/eine Situation meistern

Sie war nicht in der Lage, mit der Situation fertig zu werden/die Situation zu meistern.

belanglos ([nur] von geringer/von großer Bedeutung) erscheinen

Den meisten Leuten erscheinen wirtschaftliche Probleme in fernen Gegenden belanglos ([nur] von geringer Bedeutung).

Merkwürdigerweise/Seltsamerweise . . .

Merkwürdigerweise/Seltsamerweise scheint er gar nicht auf die Idee zu kommen, daß er seine Stelle verlieren könnte.

to cut no ice with sb. ....
Such promises cut no ice with me.

D

to depend on sth. ....
Whether the two countries enter into diplomatic relations [or not] depends on three factors.

to disprove (to refute) an assertion ....
You will have some difficulty [in] disproving (refuting) this assertion.

to do things by halves ....
When it comes to making cars, the Japanese never do things by halves.

to draw a conclusion [from sth.] ....
What conclusion do you draw from his strange reaction?

to draw the line ....
You must draw the line somewhere.

E

Either way, ...
Either way, the structure of the economy will change.

an end in itself ....
Modern philosophy tends to become an end in itself.

keinen Eindruck machen auf jn/bei jm nicht ankommen (nicht ziehen)

Solche Versprechungen machen keinen Eindruck auf mich/ kommen bei mir nicht an/ziehen bei mir nicht.

abhängen von etw.

Ob die beiden Länder diplomatische Beziehungen [miteinander] aufnehmen werden, hängt von drei Faktoren ab.

eine Behauptung widerlegen

Du wirst/Sie werden einige Mühe haben, diese Behauptung zu widerlegen.

halbe Sachen machen/oberflächlich arbeiten

Wenn es darum geht, Autos zu bauen, machen die Japaner nie halbe Sachen/arbeiten die Japaner nie oberflächlich.

einen Schluß/eine Schlußfolgerung ziehen [aus etw.]

Welchen Schluß/Welche Schlußfolgerung ziehst du/ziehen Sie aus seiner merkwürdigen Reaktion?

die/eine Grenze ziehen (dafür sorgen, daß die Dinge nicht ausufern)

Irgendwo muß man die/eine Grenze ziehen./Irgendwann muß man dafür sorgen, daß die Dinge nicht ausufern.

so oder so/auf die eine oder andere Art

Die Struktur der Wirtschaft wird sich so oder so/auf die eine oder andere Art verändern.

ein Selbstzweck

Die moderne Philosophie tendiert/neigt dazu, zum Selbstzweck zu werden.

to enter into a discussion about sth. ....
He was not willing to enter into a discussion about that.

Even so, ... (All the same, ... /In spite of that, ...) ....
It was a very simple plan. Even so, it worked beautifully every time.

to exert a great influence on sb. ....
The press exerts a great influence on public opinion.

expressly ....
He expressly refused to take any responsibility for the consequences of these measures.

F

to fall into sth. ....
Publications of this type fall into different categories.

Far from it. ....
You seem to think that the chances of reaching an agreement before the deadline are slim. Far from it.

to find sth. [to be] fair (good, bad, etc.) ....
I find his analysis of the steel industry's problems [to be] fair and reasonable.

First of all, a word on ... .
First of all, a word on the immediate political background of the debate.

For my (your, his, etc.) part, I (you, he, etc.) ... .
For my part, I do not see any possibility of solving the problem in the near future.

eine Diskussion anfangen über etw./sich auf eine Diskussion einlassen über etw.

Er war nicht bereit, sich auf eine Diskussion darüber einzulassen.

Trotzdem ...

Es war ein sehr einfaches Verfahren. Trotzdem klappte es jedesmal wunderbar.

einen großen Einfluß ausüben auf jn

Die Presse übt einen großen Einfluß auf die öffentliche Meinung aus.

ausdrücklich

Er lehnte es ausdrücklich ab, irgendeine Verantwortung für die Folgen dieser Maßnahmen zu übernehmen.

sich gliedern in etw.

Publikationen/Veröffentlichungen dieser Art gliedern sich in verschiedene Kategorien/Gruppen.

Weit gefehlt./Keineswegs./Ganz und gar nicht.

Du scheinst/Sie scheinen zu glauben, daß die Aussichten, eine Einigung vor dem Stichtag zu erzielen, gering sind. Weit gefehlt.

etw. fair (gut, schlecht, usw.) finden

Ich finde seine Analyse/Darlegung/Untersuchung der Probleme der Stahlindustrie fair und vernünftig.

Als erstes/Zuerst [einmal] ein Wort/eine Bemerkung zu ...

Als erstes/Zuerst [einmal] ein Wort/eine Bemerkung zum unmittelbaren politischen Hintergrund der Debatte.

Ich für meinen Teil (Du für deinen Teil, Er für seinen Teil, usw.) ...

Ich für meinen Teil sehe keine Möglichkeit, das Problem in der nahen Zukunft/in absehbarer Zeit zu lösen.

For one thing, ... , and then, ...

For one thing, these immigrants have different systems of values, and then, many of them do not speak English, which creates special problems.

for some reason [or other] ....

For some reason [or other] she took offence at my remarks.

For this purpose ... .

He wanted to leave the country at all costs. For this purpose he sold all his belongings.

to force sb. into doing sth. ....

They tried to force him into making a peace agreement.

Frankly, ... (To tell the truth, ...) ....

Frankly, what you suggest (are suggesting) is sheer madness.

from a political (medical, etc.) point of view ....

From a medical point of view these men show no evidence of illness.

G

to gain ground (to lose ground) ....

Japanese products are gaining ground nearly everywhere.

Generally speaking, ...

Generally speaking, strikes are justified in such a situation. But this is a special case.

Zum einen ..., [und] zum anderen ...

Zum einen haben diese Einwanderer andere Wertmaßstäbe/Wertnormen, [und] zum anderen sprechen viele von ihnen kein Englisch, was besondere Probleme verursacht.

aus irgendeinem Grund

Aus irgendeinem Grund hat sie mir meine Bemerkungen/Äußerungen übelgenommen.

Zu diesem Zweck ...

Er wollte das Land unbedingt/um jeden Preis verlassen. Zu diesem Zweck verkaufte er alles, was er hatte/besaß.

jn zwingen, etw. zu tun

Sie versuchten, ihn zum Abschluß eines Friedensvertrages zu zwingen. (= ..., ihn zu zwingen, einen Friedensvertrag abzuschließen.)

Offen gestanden/gesagt, ... (Um die Wahrheit zu sagen/Ehrlich gesagt, ...)

Offen gestanden/gesagt, was du da vorschlägst/Sie da vorschlagen, ist heller Wahnsinn.

aus politischer (medizinischer, usw.) Sicht/politisch (medizinisch, usw.) gesehen

Aus medizinischer Sicht/Medizinisch gesehen zeigen diese Männer keine Anzeichen von Krankheit.

an Boden gewinnen (an Boden verlieren)

Japanische Produkte/Erzeugnisse gewinnen fast überall an Boden.

Allgemein gesehen/betrachtet ...

Allgemein gesehen/betrachtet sind Streiks in einer solchen Situation berechtigt/gerechtfertigt. Aber das [hier] ist ein besonderer Fall/ein Sonderfall.

to get out of control (out of hand) ....
The policy failed because devaluation got out of control (out of hand).

to get the impression that ....
I got the impression that she had great difficulty in following me.

to get to the bottom of sth. ....
If you get to the bottom of this business, it will be a pretty good piece of work.

to give (to present) a general view of sth. ....
First I would like to give (to present) a general view of the situation.

to give rise to sth. ....
His intention to sell the factory and live abroad has given rise to a lot of rumours.

to give the impression of being sb. ....
She gives the impression of being an extremely shrewd woman.

Given ... .
Given the problems we have in coping with the present, it is tempting to forget about the future.

sth. gives you an insight into the mentality of sb. ....
Travelling gives you an insight into the mentality of people in other countries.

to go a step further ....
So much for the working conditions. Now let us go a step further.

to go from bad to worse ....
The economic situation in our country is going from bad to worse.

außer Kontrolle geraten

Die Politik (=politische Maßnahme) schlug fehl/scheiterte, weil die Abwertung/Geldentwertung außer Kontrolle geriet.

den Eindruck gewinnen, daß

Ich gewann den Eindruck, daß sie große Mühe hatte, mir zu folgen (= mich zu verstehen).

einer Sache auf den Grund gehen (kommen)/etw. aufklären

Wenn du/Sie diese Sache/Angelegenheit aufklärst/aufklären, ist das eine ganz schöne Leistung.

einen allgemeinen Überblick geben über etw.

Zuerst möchte ich einen allgemeinen Überblick über die Situation/Lage geben.

Anlaß geben zu etw./führen zu etw.

Seine Absicht, die Fabrik zu verkaufen und im Ausland zu leben, hat Anlaß zu zahlreichen Gerüchten gegeben.

den Eindruck eines/einer ... machen

Sie macht den Eindruck einer äußerst scharfsinnigen Frau.

Angesichts/In Anbetracht ...

Angesichts der Schwierigkeiten, mit der Gegenwart fertig zu werden, ist man leicht versucht (wörtl.: ist es verlockend), die Zukunft darüber zu vergessen.

etw. gibt einem einen Einblick in die Mentalität von jm

Reisen gibt einem einen Einblick in die Mentalität von Menschen in anderen Ländern.

einen Schritt weiter gehen

So viel zu den Arbeitsbedingungen. Gehen wir jetzt [einmal] einen Schritt weiter.

immer schlechter werden

Die Wirtschaftslage in unserem Land wird immer schlechter.

to go into detail(s) ....
We can discuss the problem, by all means, but we need not go into detail(s).

H

to have a say in sth. ....
Employees have a direct say in decisions affecting their conditions of employment.

to have gone [virtually] unnoticed so far ....
There is another important aspect which has gone [virtually] unnoticed so far.

to have great (some/no) difficulty [in] doing sth. ....
She has great (some/no) difficulty [in] making herself understood.

to have [harmful, dangerous, etc.] side effects ....
He is not the only person to point out that the Pill has harmful side effects.

to have sth. in common ....
What do the two people have in common?

to have no option but to do sth. ....
He had no option but to use force.

to have no regard for sb.'s feelings ....
She has no regard for her parents' feelings (for the feelings of others).

ins einzelne gehen/in die Einzelheiten gehen/auf Einzelheiten eingehen

Wir können das Problem gern/durchaus diskutieren, aber wir brauchen [ja] nicht ins einzelne zu gehen.

ein Mitspracherecht haben bei etw.

Die Arbeitnehmer/Angestellten haben ein direktes Mitspracherecht bei Entscheidungen, die ihre Arbeitsbedingungen betreffen.

bisher/bislang/bis jetzt [praktisch] unbeachtet geblieben sein (nicht beachtet worden sein)

Es gibt [da] noch einen anderen wichtigen Aspekt, der bisher [praktisch] unbeachtet geblieben ist/nicht beachtet worden ist.

große (einige/keine) Mühe haben, etw. zu tun/jm sehr (etwas/nicht) schwerfallen, etw. zu tun

Sie hat große (einige/keine) Mühe/Es fällt ihr sehr (etwas/ nicht) schwer, sich verständlich zu machen.

[schädliche, gefährliche, usw.] Nebenwirkungen haben/Begleiterscheinungen mit sich bringen

Er ist nicht der einzige, der darauf hinweist, daß die Pille schädliche Nebenwirkungen hat.

etw. gemein (gemeinsam) haben/sich gleichen in etw.

Was haben die beiden Personen gemein?/Worin gleichen sich die beiden Personen?

keine andere Wahl haben, als etw. zu tun/etw. tun müssen

Er hatte keine andere Wahl, als Gewalt anzuwenden.

keine Rücksicht nehmen auf js Gefühle

Sie nimmt keine Rücksicht auf die Gefühle ihrer Eltern (auf die Gefühle anderer).

to hit the nail [right] on the head ....
She has hit the nail [right] on the head [in saying that he is a crook].

to hold water ....
This argument does not hold water.

— how shall I put it? — ....
We must — how shall I put it? — face up to the realities of the situation.

However well (badly, quickly, etc.) sb. does sth., ...
However hard they worked, the volunteers could not help as much as they would have liked to.

I

I cannot make any sense of what (make out what) the author (Frank, Nancy, etc.) is saying. ....

I do not know what to make of this [attitude, reaction, etc.].

I have not the faintest idea [what, where, when ...]. ....
I have not the faintest idea [who you are talking about].

I must admit that ... .
I must admit that difficulties can arise for the average taxpayer.

I would [even] go so far as to say that ... .
I would [even] go so far as to say that she is not in the least responsible for what has happened.

... , if I am not mistaken ....
The new law comes into force in two months, if I am not mistaken.

den Nagel auf den Kopf treffen

Sie hat den Nagel auf den Kopf getroffen [mit ihrer Bemerkung, daß er ein Betrüger/Schwindler sei].

stichhaltig sein

Dieses Argument ist nicht stichhaltig.

— wie soll ich sagen? —

Wir müssen — wie soll ich sagen? — den Realitäten der Lage ins Auge sehen.

So gut (schlecht, schnell, usw.) jd etw. auch macht, ...

So hart/schwer die Freiwilligen (hier: die freiwilligen Helfer) auch arbeiteten, sie konnten nicht so viel helfen, wie sie es gern getan hätten.

Ich werde nicht daraus klug/schlau (Ich verstehe nicht), was der Autor (Frank, Nancy, usw.) meint/sagen will.

Ich weiß nicht, was ich davon (von dieser Einstellung, Reaktion, usw.) halten soll.

Ich habe nicht die geringste/leiseste Ahnung [was, wo, wann ...].

Ich habe nicht die geringste/leiseste Ahnung [von wem du sprichst/Sie sprechen].

Ich muß zugeben, daß ...

Ich muß zugeben, daß sich Schwierigkeiten für den normalen (wörtl.: durchschnittlichen) Steuerzahler [daraus] ergeben können.

Ich würde [sogar] so weit gehen zu sagen, daß ...

Ich würde [sogar] so weit gehen zu sagen, daß sie nicht im geringsten für das verantwortlich ist, was geschehen ist.

... , wenn ich mich nicht irre

Das neue Gesetz tritt in zwei Monaten in Kraft, wenn ich mich nicht irre.

..., if I remember rightly ....
The meeting is to take place next Friday, if I remember rightly.

If I were you, I would do sth. ....
If I were you, I would give up drinking.

If you think about it [carefully], ...
If you think about it [carefully], you must admit that this is the best solution.

to imply sth. ....
What does her silence imply?

in a field ....
He is well versed in the field of art (in his field).

in a way/in a sense ....
He is right, in a way.

in a word ....
Robin makes the beds and does the cooking, he goes shopping and looks after the baby, in a word, he is an ideal husband.

in comparison with (by comparison) ....
1 English is easy in comparison with Chinese.
2 Chinese is very difficult to learn. English is easy by comparison.

in conclusion ....
1 In conclusion, I would like to express my hope that all these efforts will enhance the prospect of peace.
2 Two points in conclusion: ...

. . . , wenn ich mich recht entsinne

Die Versammlung/Sitzung/Konferenz soll nächsten Freitag stattfinden, wenn ich mich recht entsinne.

Wenn ich du (Sie) wäre, würde ich etw. tun./Ich an deiner (Ihrer) Stelle würde etw. tun.

Wenn ich du (Sie) wäre, würde ich das Trinken aufgeben./mit dem Trinken aufhören.

Wenn du/Sie einmal [richtig/in Ruhe] darüber nachdenkst/ nachdenken, . . .

Wenn du/Sie einmal [richtig/in Ruhe] darüber nachdenkst/ nachdenken, mußt du/müssen Sie zugeben, daß das die beste Lösung ist.

etw. besagen/beinhalten/implizieren

Was besagt/beinhaltet/impliziert ihr Schweigen?

auf einem Gebiet

Er ist sehr bewandert/beschlagen/versiert auf dem Gebiet der Kunst (auf seinem Fachgebiet).

in gewisser Hinsicht (in gewissem Sinne)

In gewisser Hinsicht (In gewissem Sinne) hat er [ja] recht.

mit einem Wort/kurzum

Robin macht die Betten und kocht, er geht einkaufen und versorgt (kümmert sich um) das Baby, mit einem Wort/kurzum, er ist ein idealer Ehemann.

im Vergleich zu (vergleichsweise/im Vergleich dazu)

1 Englisch ist leicht im Vergleich zu Chinesisch.

2 Chinesisch ist sehr schwer zu lernen. Englisch ist leicht im Vergleich dazu (ist vergleichsweise leicht.).

abschließend/zum Schluß (Abschluß)

1 Abschließend/Zum Schluß (Abschluß) möchte ich meiner Hoffnung Ausdruck geben (meine Hoffnung zum Ausdruck bringen), daß alle diese Bemühungen die Friedensaussichten erhöhen [werden].

2 Zwei Punkte zum Abschluß: . . . /Abschließend [noch] zwei Punkte: . . .

In contrast, ...
Our dealers have good service departments. In contrast, big discount stores often cut corners in after-sales service.

In contrast to ... .
In contrast to most people I am not at all interested in television.

in my experience ....
In my experience the Englishman is still very class-conscious, as opposed to the German, for example.

in my opinion (in my view/to my mind) ....
In my opinion (In my view/To my mind) these counter-arguments are not at all convincing.

in other words/put another way ....
In other words (Put another way), nothing but trouble will follow.

in political (economic, cultural, etc.) matters ....
In political matters, decisions must often be made quickly.

sb./sth. in question ....
The men in question were paid for their part in the robbery.

in retrospect ....
In retrospect, there are two ways of looking at what happened.

in return for ....
In return for all these concessions, the journalists were offered pay increases ranging from five per cent to eight per cent.

dagegen/hingegen

Unsere Händler haben gute Kundendienstabteilungen. Große Discountgeschäfte dagegen/hingegen machen es sich beim Kundendienst oft leicht/bequem.

Im Gegensatz zu ...

Im Gegensatz zu den meisten Menschen interessiere ich mich überhaupt nicht für Fernsehen.

nach meinen Erfahrungen

Nach meinen Erfahrungen ist der Engländer immer noch/nach wie vor sehr klassenbewußt, im Gegensatz etwa (zum Beispiel) zum Deutschen.

nach meiner Ansicht (Meinung)/meiner Ansicht (Meinung) nach

Nach meiner Ansicht (Meinung) sind diese Gegenargumente keineswegs/überhaupt nicht überzeugend.

mit anderen Worten (anders gesagt)

Mit anderen Worten (Anders gesagt), wir werden nur Ärger bekommen (wörtl.: nichts als Schwierigkeiten/Unannehmlichkeiten/Scherereien wird die Folge sein).

bei politischen (wirtschaftlichen, kulturellen, usw.) Dingen/Angelegenheiten

Bei politischen Dingen/Angelegenheiten müssen Entscheidungen oft schnell getroffen werden.

der/die/das betreffende ...

Die betreffenden Männer wurden für ihre Beteiligung an dem Raubüberfall bezahlt.

im Rückblick/in der Rückschau/rückblickend/rückschauend

Rückschauend kann man die Geschehnisse/Ereignisse von zwei Seiten sehen.

[als Gegenleistung] für

[Als Gegenleistung] für alle diese Zugeständnisse/Konzessionen wurden den Journalisten Lohnerhöhungen zwischen fünf und acht Prozent angeboten.

in short ....

In short, what we should do is the following.

in the course of time ....

In the course of time people got accustomed to these living conditions.

in the long run ....

In the long run, it will not be possible to keep these plans secret from the public.

in the region of (here: used before numbers) ....

The Government is disposed only to allow a smaller sum, in the region of 50.000 pounds.

in theory ... in practice ....

The plan sounds good in theory, but I wonder whether it will work in practice.

in this [particular] case ....

In this [particular] case we cannot afford to take the risk.

In this respect ... .

She has never been ill in her life. In this respect she has been very lucky indeed.

In this way, ...

The police have sealed off the airport. In this way, they hope to prevent the demonstrators [from] getting onto the runways.

in view of ....

In view of these facts there is no option.

to increase by sth./to decrease by sth. ....

The number of accidents has increased (decreased) by about a third in the last few months.

kurz gesagt/kurzum

Kurz gesagt/Kurzum, was wir tun sollten ist folgendes.

im Laufe der Zeit

Im Laufe der Zeit gewöhnten sich die Leute an diese Lebensbedingungen.

auf die Dauer

Auf die Dauer wird es nicht möglich sein, diese Pläne vor der Öffentlichkeit geheimzuhalten.

so um die/etwa (hier: vor Zahlenangaben)

Die Regierung ist nur/lediglich bereit, eine geringere Summe zu bewilligen, so um die/etwa 50.000 Pfund.

in der Theorie ... in der Praxis/theoretisch ... praktisch

In der Theorie klingt das Verfahren/die Methode gut (hört sich das Verfahren/die Methode gut an), aber ich frage mich/ich bin gespannt, ob es/sie in der Praxis funktioniert/klappt.

in diesem [speziellen] Fall

In diesem [speziellen] Fall können wir es uns nicht leisten, das Risiko einzugehen/auf uns zu nehmen.

In dieser Hinsicht ...

Sie ist in ihrem [ganzen] Leben nie krank gewesen. In dieser Hinsicht hat sie wirklich großes Glück gehabt.

Auf diese Weise ...

Die Polizei hat den Flughafen abgeriegelt. Auf diese Weise hofft sie zu verhindern, daß die Demonstranten auf die Rollbahnen gelangen.

in Anbetracht/angesichts

Angesichts dieser Tatsachen gibt es keine andere Möglichkeit (bleibt mir/uns keine andere Wahl).

zunehmen um etw./abnehmen um etw.

Die Zahl der Unfälle hat in den letzten Monaten um etwa/ungefähr ein Drittel zugenommen (abgenommen).

to involve great expense (hard work, great difficulties, etc.)
The social reforms will involve great expense (hard work/great difficulties).

Irrespective of what side one takes, ...
Irrespective of what side one takes, there is agreement on the need for immediate negotiations.

sb. is allowed (permitted) great (a certain) latitude in sth. ...
Even a soldier is allowed (permitted) a certain latitude in his decisions.

sb./sth. is [not] likely to do sth./to be sth. ....
1 This policy is likely to pay handsomely.
2 The answer is likely to be pretty depressing.

sb. is three (four, five, etc.) times more likely to do sth. than ....
Smokers are ten times more likely to develop lung cancer than non-smokers.

it dawned on me (him, her, etc.) that ....
Gradually it dawned on her that her former friend had become a real menace to society.

It depends. ....
Do you think [that] the whole thing can be hushed up? – Well, it depends.

It goes without saying that . . . (That goes without saying.) ......
It goes without saying that it is very difficult to lay down a general rule.

hohe Kosten (harte Arbeit, große Schwierigkeiten, usw.) mit sich bringen/mit hohen Kosten (harter Arbeit, großen Schwierigkeiten, usw.) verbunden sein

Die sozialen Reformen werden hohe Kosten (harte Arbeit/ große Schwierigkeiten) mit sich bringen/mit hohen Kosten (...) verbunden sein.

Unabhängig davon, wessen Partei man ergreift/auf wessen Seite man steht, ...

Unabhängig davon, auf wessen Seite man steht, ist man sich darin einig, daß sofortige Verhandlungen notwendig sind.

jm wird ein großer (ein gewisser) Spielraum bei etw. gewährt/zugebilligt

Selbst/Sogar einem Soldaten wird ein gewisser Spielraum bei seinen Entscheidungen gewährt/zugebilligt.

jd/etw. wird wahrscheinlich [nicht] etw. tun/etw. sein

1 Diese Politik/Taktik wird sich wahrscheinlich ganz hübsch/ schön bezahlt machen.

2 Die Antwort wird wahrscheinlich ziemlich deprimierend sein.

bei jm ist die Wahrscheinlichkeit, daß er etw. tut, dreimal (viermal, fünfmal, usw.) so groß wie

Bei Rauchern ist die Wahrscheinlichkeit, daß sie Lungenkrebs bekommen, zehnmal so groß wie bei Nichtrauchern.

es dämmerte mir (ihm, ihr, usw.), daß/es wurde mir (ihm, ihr, usw.) klar, daß

Allmählich dämmerte es ihr/wurde es ihr klar, daß ihr früherer/ehemaliger Freund eine echte Gefahr für die Gesellschaft geworden war.

Es kommt darauf an.

Glaubst du/Glauben Sie, daß die ganze Sache vertuscht werden kann? — Tja/Nun ja, es kommt darauf an.

Es versteht sich von selbst, daß ... (Das versteht sich von selbst.)

Es versteht sich von selbst, daß es sehr schwierig ist, eine allgemeine Regel festzulegen/vorzuschreiben.

It is all the same to me what (where, when, etc.) ... .
It is all the same to me what people say.

It is an accepted fact (truth) that ... .
It is an accepted fact (truth) that cigarette smoking is dangerous to your health.

It is [high] time sb. did sth. (sth. was done). ....
It is [high] time they did away with racial discrimination and intolerance in their country.

It is in the nature of things that ... .
It is in the nature of things that some old people need caring for in hospital.

it is no use doing sth. (there is no point in doing sth.) ....
It is no use trying to convince him. (There is no point in trying to convince him.)

It is safe to say that ... .
It is safe to say that you face an exciting future.

... , it is true, but ....
I have travelled widely, it is true, but there are quite a few countries I have not yet been to.

It looks rather like this. ....

it takes sb. to do sth. ....
It takes an expert to forecast changes in the climate.

J

Joking apart (aside), ...
Joking apart (aside), parents are breaking the law if their children play truant.

Es ist mir ganz gleich/egal, was (wo, wann, usw.) ...

Es ist mir ganz gleich/egal, was die Leute sagen.

Es ist eine allgemein anerkannte Tatsache (Wahrheit), daß ...

Es ist eine allgemein anerkannte Tatsache (Wahrheit), daß Zigarettenrauchen gefährlich für die Gesundheit ist.

Es ist [höchste] Zeit, daß jd etw. tut (daß etw. getan wird).

Es ist [höchste] Zeit, daß sie die Rassendiskriminierung und Intoleranz in ihrem Land beseitigen.

Es liegt in der Natur der Dinge, daß ...

Es liegt in der Natur der Dinge, daß manche alten Leute Pflege im Krankenhaus brauchen/benötigen.

es hat keinen Zweck/es ist sinnlos, etw. zu tun

Es hat keinen Zweck/Es ist sinnlos zu versuchen, ihn zu überzeugen.

Man kann mit Sicherheit sagen, daß ...

Man kann mit Sicherheit sagen, daß du/Sie einer aufregenden Zukunft entgegengehst/entgegengehen (... , daß dir/Ihnen eine aufregende Zukunft bevorsteht).

zwar ... , aber

Ich bin zwar weit gereist, aber es gibt [doch noch] ziemlich viele/eine ganze Menge Länder, in denen ich noch nicht gewesen bin.

Es sieht etwa so/folgendermaßen aus.

es erfordert jn/es bedarf js, etw. zu tun

Es erfordert einen Fachmann/Experten (Es bedarf eines Fachmanns/Experten), um Veränderungen im Klima vorauszusagen/vorherzusehen.

Scherz/Spaß beiseite, ...

Scherz beiseite, Eltern verstoßen gegen das Gesetz, wenn ihre Kinder die Schule schwänzen.

Judging by ... .

Judging by his outward appearance he is most probably an American.

to jump (to leap) to the conclusion that ....

You must not jump (leap) to the conclusion that the National Health Service is a total failure.

K

to keep to the point ....

He never keeps to the point.

L

sb. lacks the experience to do sth. ....

He lacks the experience to analyse the unemployment problem in this area.

to lead to [an increase (a decrease) in] sth. ....

These measures will most probably lead to [an increase (a decrease) in] road accidents.

to lead sb. to do sth. ....

This article has led me to believe that the Common Market is good for Britain in the long run.

to leak out ....

When the truth began to leak out, we were all horrified.

Nach ... zu urteilen, ...

Nach seiner äußeren Erscheinung/seinem Äußeren zu urteilen, ist er höchstwahrscheinlich Amerikaner.

voreilig/übereilt den Schluß ziehen, daß

Du darfst/Sie dürfen nicht voreilig/übereilt den Schluß ziehen, daß der staatliche Gesundheitsdienst (in Großbritannien) eine totale Fehlkonstruktion/ein totaler Versager ist.

bei der Sache bleiben/nicht vom Thema abweichen

Er bleibt nie bei der Sache./Er weicht immer vom Thema ab.

es fehlt jm an der [notwendigen] Erfahrung, etw. zu tun

Es fehlt ihm an der [notwendigen] Erfahrung, das Arbeitslosenproblem in diesem Gebiet/dieser Gegend zu analysieren.

führen zu [einer Zunahme/einem Anwachsen (einer Abnahme/einem Rückgang) von] etw.

Diese Maßnahmen werden höchstwahrscheinlich zu [einer Zunahme (einer Abnahme) von] Verkehrsunfällen führen.

jn dazu führen/veranlassen, etw. zu tun

Dieser Artikel hat mich zu der Überzeugung geführt (wörtl.: hat mich dazu geführt zu glauben), daß der Gemeinsame Markt auf die Dauer/auf lange Sicht für Großbritannien gut/günstig/vorteilhaft ist.

durchsickern (von Nachrichten usw.)

Als die Wahrheit allmählich durchsickerte (wörtl.: anfing durchzusickern), waren wir alle entsetzt.

to leave sth. aside ....
I suggest leaving this question aside for the moment.

to leave it at that ....
We have not yet cleared up everything, it is true, but I think we had better leave it at that for the moment.

to leave much (a lot) to be desired ....
The quality of the photos leaves much (a lot) to be desired.

to leave no stone unturned to do sth. ....
The police have left no stone unturned to clear up the case.

to leave the field to sb. ....
We should not leave the field to the Americans.

to let sb. know what he is letting himself in for ....
The Government should let the immigrants know beforehand what they are letting themselves in for.

to lie within sb.'s reach (within the reach of sb.) ....
Better health lies within the reach of every individual.

like a red rag to a bull ....
For the Conservatives the report is clearly like a red rag to a bull.

to lose contact with sb. ....
She seems to have lost contact with her family.

to lose sight of what really matters ....
He never loses sight of what really matters.

M

to make a comment [on sth.] ....
I would like to make a comment [at this point/on what you have just said].

etw. beiseite lassen/ausklammern
Ich schlage vor, diese Frage vorübergehend/zunächst einmal beiseite zu lassen/auszuklammern.

es dabei belassen/es auf sich beruhen lassen
Wir haben zwar noch nicht alles geklärt/aufgeklärt, aber ich glaube, wir sollten es im Augenblick dabei belassen/auf sich beruhen lassen.

sehr zu wünschen übrig lassen
Die Qualität der Fotos läßt sehr zu wünschen übrig.

nichts unversucht lassen, um etw. zu tun
Die Polizei hat nichts unversucht gelassen, um den Fall aufzuklären.

jm das Feld überlassen
Wir sollten das Feld nicht den Amerikanern überlassen.

jn wissen lassen, worauf er sich einläßt
Die Regierung sollte die Einwanderer vorher/im voraus wissen lassen, worauf sie sich einlassen.

für jn erreichbar sein
Eine bessere Gesundheit ist für jeden [einzelnen] erreichbar.

wie ein rotes Tuch
Für die Konservativen ist der Bericht (Auf die Konservativen wirkt der Bericht) offensichtlich/zweifellos wie ein rotes Tuch.

den Kontakt verlieren mit jm
Sie scheint den Kontakt mit ihrer Familie verloren zu haben.

das Wesentliche (wörtl.: das, was wirklich wichtig ist) **aus den Augen verlieren**
Er verliert nie das Wesentliche aus den Augen.

eine Bemerkung machen [zu etw.]
Ich möchte gern eine Bemerkung machen [an dieser Stelle/zu dem, was du/Sie eben (gerade) gesagt hast/haben].

to make a mountain out of a molehill ....
I think you are making a mountain out of a molehill.

to make (to raise) an objection ....
I must make (raise) an objection here.

to make it clear [to sb.] that ....
I would like to make it clear to you [from the start] that I am not prejudiced against anyone.

to make light of a problem/a difficulty ....
The engineers make light of the technical difficulties.

to make sense ....
This passage does not make [any] sense.

to make the mistake of doing sth. ....
You must not make the mistake of telling everyone what you think.

to mean by (to understand by) sth. ....
What do you mean by (understand by) equality of opportunity in this connection?

to meet sb. halfway ....
I met him halfway.

to miss the point ....
This argument misses the point.

sb. must be made aware of sth. ....
Young offenders must be made aware of society's general disapproval.

N

to need a lot of thinking about ....
That needs a lot of thinking about.

aus einer Mücke einen Elefanten machen
Ich glaube, du machst/Sie machen [hier] aus einer Mücke einen Elefanten.

einen Einwand erheben
Ich muß hier einen Einwand erheben.

klipp und klar sagen, daß/unmißverständlich feststellen, daß
Ich möchte [von vornherein] klipp und klar sagen/unmißverständlich feststellen, daß ich gegenüber niemandem voreingenommen bin.

ein Problem/eine Schwierigkeit als geringfügig (belanglos) betrachten
Die Ingenieure/Techniker betrachten die technischen Schwierigkeiten als geringfügig (belanglos).

Sinn geben/ergeben
Diese Stelle/Textstelle gibt/ergibt keinen Sinn.

den Fehler machen/begehen, etw. zu tun
Du darfst nicht/Sie dürfen nicht den Fehler machen/begehen, jedem zu sagen, was du denkst/Sie denken.

meinen mit (verstehen unter) etw.
Was meinst du/meinen Sie mit (verstehst du/verstehen Sie unter) Chancengleichheit in diesem Zusammenhang?

jm auf halbem Wege entgegenkommen (bildlich)
Ich kam ihm auf halbem Wege entgegen.

an der Sache vorbeigehen
Dieses Argument geht an der Sache vorbei.

jm muß etw. bewußt gemacht/klargemacht werden
Jugendlichen Straffälligen muß die allgemeine Mißbilligung/Ablehnung [ihres Verhaltens] durch die Gesellschaft bewußt gemacht/klargemacht werden.

gut überlegt werden müssen
Das muß gut überlegt werden.

Needless to say, ...

Needless to say, I did not succeed in talking him round.

no matter how (where, when, etc.) ....

No matter how rough the surface is (may be), the ride in the Citroen CX will be perfectly smooth at all times.

Now for the next question. ....

O

on condition that (provided that) ....

I will sign the contract on condition that (provided that) you deliver the goods on time.

on purpose ....

I do not think [that] he has hurt her feelings on purpose.

On the contrary, ...

They seem to be pretty hard up. — On the contrary, they have a lot of money in the bank.

On the one hand ... , on the other [hand] ... .

On the one hand she advocates a classless society, on the other [hand] she prides herself on living in the West End.

on the surface ....

On the surface, racial discrimination seems to have disappeared, but in reality it is still there.

Natürlich/Wie zu erwarten war, ...

Natürlich/Wie zu erwarten war, gelang es mir nicht, ihn zu überreden.

egal/ganz gleich wie (wo, wann, usw.)/wie (wo, wann, usw.) ... auch [immer]

Egal wie uneben der Straßenbelag ist (sein mag)/Wie uneben der Straßenbelag auch [immer] ist (sein mag), im Citroen CX fahren Sie immer völlig ruhig (wörtl.: die Fahrt im Citroen CX wird immer völlig ruhig sein).

Nun zur nächsten Frage.

unter der Bedingung, daß/vorausgesetzt, daß

Ich werde den Vertrag [nur] unter der Bedingung unterschreiben, daß Sie die Ware(n) pünktlich liefern.

absichtlich/mit Absicht

Ich glaube nicht, daß er sie absichtlich/mit Absicht verletzt (gekränkt) hat.

Im Gegenteil, ...

Sie scheinen ziemlich knapp bei Kasse zu sein/ziemlich wenig Geld zu haben. — Im Gegenteil, sie haben eine [ganze] Menge Geld auf der Bank.

Einerseits ... , andererseits ...

Einerseits tritt sie für eine klassenlose Gesellschaft ein, andererseits bildet sie sich etwas darauf ein/ist sie stolz darauf, im Westend zu wohnen. (Westend: vornehmer Stadtteil Londons)

[rein] äußerlich (wörtl.: auf der Oberfläche)

[Rein] äußerlich scheint die Rassendiskriminierung verschwunden zu sein, aber in Wirklichkeit ist sie immer noch da/vorhanden.

on the whole ....

On the whole, the strike does not affect us very much.

one person in three (four, five, etc.) ....

Only one refugee in five has left his country for economic reasons.

to outline sth. ....

Could you outline the main points of your paper, please.

to outweigh sth. ....

The disadvantages of early marriage outweigh the advantages.

to overcome a difficulty ....

It is to be hoped that they will find a way to overcome (of overcoming) the difficulties.

to overestimate sth. (sb.)/to underestimate sth. (sb.) ....

You must not overestimate (underestimate) his influence on the party.

P

Personally I ... .

Personally I believe [that] every human being has the right to equality of opportunity.

to play a large (an important) part (role) in sth. ....

1 Money plays a large (an important) part (role) in the American presidential elections.

2 The party leader naturally plays a large (an important) part (role) in all decisions concerning the party.

im großen [und] ganzen/im ganzen gesehen/alles in allem
Im ganzen gesehen merken wir nicht viel von dem Streik (wörtl.: wirkt sich der Streik nicht sehr auf uns aus).

jeder dritte (vierte, fünfte, usw.) Mensch
Nur jeder fünfte Flüchtling hat sein Land aus wirtschaftlichen Gründen verlassen.

etw. kurz umreißen/etw. skizzieren
Könntest du/Könnten Sie die Hauptpunkte deines/Ihres Referats (Vortrags) bitte kurz umreißen.

schwerer wiegen als etw./größer sein als etw. (in übertragener Bedeutung)
Die Nachteile der Frühehe wiegen schwerer/sind größer als die Vorteile.

eine Schwierigkeit überwinden
Es ist zu hoffen, daß sie einen Weg/eine Möglichkeit finden werden, die Schwierigkeiten zu überwinden.

etw. (jn) überschätzen/etw. (jn) unterschätzen
Du darfst/Sie dürfen seinen Einfluß auf die Partei nicht überschätzen (unterschätzen).

Ich persönlich ...
Ich persönlich glaube, daß jeder Mensch das Recht auf Chancengleichheit hat.

eine große (eine wichtige) Rolle spielen bei etw.
1 Geld spielt eine große (eine wichtige) Rolle bei den amerikanischen Präsidentschaftswahlen.
2 Der Parteivorsitzende spielt natürlich eine große (eine wichtige) Rolle bei allen Entscheidungen, die die Partei betreffen.

to play sth. down/to play sth. up ....

Some Conservatives tried to play the incident down/to play the incident up.

point at issue ....

The main point at issue is whether it is possible to go on using Mao's teachings as a guideline for the new economic policy.

to point out that ....

I would like to point out that we have had extensive talks with the managing director of the chemical plant.

to press for sth. ....

Many people in Britain press for severer punishment of hooligans.

to presuppose sth. (to presuppose that) ....

Holding a discussion presupposes that you know some basic facts about the subject of the discussion.

A problem (question) arises. ....

In the course of the discussion the question arose how best to utilize the information.

to profit from sth. ....

He has profited from the plight of the refugees. It is a shame.

the pros and cons ....

I carefully considered all the pros and cons before I made (took) the decision.

protestations (statements, etc.) to the contrary ....

Despite protestations to the contrary, productivity has been far from good.

etw. herunterspielen (etw. bagatellisieren)/etw. hochspielen

Einige Konservative versuchten, den Vorfall (Zwischenfall) herunterzuspielen (zu bagatellisieren)/den Vorfall (Zwischenfall) hochzuspielen.

strittiger Punkt/umstrittene Frage

Der wichtigste strittige Punkt ist der, ob es möglich ist, weiterhin Maos Lehren als Richtschnur/Richtlinie für die neue Wirtschaftspolitik zu verwenden.

darauf hinweisen/darauf aufmerksam machen, daß

Ich möchte darauf hinweisen/darauf aufmerksam machen, daß wir eingehende Gespräche mit dem Generaldirektor des Chemiewerks geführt haben.

dringen auf etw./etw. energisch (nachdrücklich) fordern

Viele Leute in Großbritannien dringen auf eine härtere Bestrafung von Rowdys/Schlägern.

etw. voraussetzen (voraussetzen, daß)

Eine Diskussion führen setzt voraus, daß man einige grundlegende Tatsachen/Fakten über das Diskussionsthema weiß.

Ein Problem (Eine Frage) taucht auf/erhebt sich.

Im Verlauf (Während) der Diskussion erhob sich die Frage, wie man die Information(en) am besten nutzen (verwerten) könnte.

profitieren von etw./Gewinn ziehen aus etw.

Er hat von der Notlage der Flüchtlinge profitiert. Es ist eine Schande.

das Für und Wider/die Vorteile und Nachteile

Ich habe gründlich über das Für und Wider/die Vorteile und Nachteile nachgedacht, bevor/ehe ich die Entscheidung getroffen habe.

gegenteilige Beteuerungen (Aussagen/Erklärungen/Behauptungen, usw.)

Trotz gegenteiliger Beteuerungen ist die Produktivität [in letzter Zeit] alles andere als gut.

to prove [to be]/to turn out to be ....
The rumours about the Prime Minister proved [to be] (turned out to be) unfounded.

to put forward an argument ....
The argument [that] Mr Hill has put forward is not convincing.

to put in a good word for sb./sth. ....
I would like to put in a good word for the traditional technique.

to put sth. in cold storage (to put sth. on ice) ....
If you do not agree on the plan, we will have to put it in cold storage (on ice).

to put sth. in the shade ....
The new TV serial will probably put all other serials in the shade.

to put sth. into practice ....
[I am afraid] I do not see any chance of putting these ideas into practice.

To put it at its simplest: . . . /Put simply: . . . .
To put it at its simplest: You cannot have your cake and eat it.

Q

to question sb.'s values ....
The young (Young people) always tend to question the values of the old (of their elders).

Quite the opposite (contrary). ....

sich erweisen als (sich herausstellen als)

Die Gerüchte über den Premierminister erwiesen sich als unbegründet.

ein Argument vorbringen

Das Argument, das Herr Hill vorgebracht hat, ist nicht überzeugend.

ein gutes Wort einlegen für jn/etw.

Ich möchte [gern] ein gutes Wort für die herkömmliche Technik/das herkömmliche Verfahren einlegen.

etw. auf Eis legen (= aufschieben)

Wenn ihr euch/Sie sich nicht über das Projekt einigen könnt/können, werden wir es auf Eis legen müssen.

etw. in den Schatten stellen (= übertreffen)

Die neue Fernsehfolge wird wahrscheinlich alle anderen Folgen/Serien in den Schatten stellen.

etw. in die Praxis/Tat umsetzen

[Ich fürchte,] ich sehe keine Möglichkeit, diese Ideen in die Praxis/Tat umzusetzen.

Um es ganz einfach zu sagen: . . . /Einfach gesagt: . . .

Um es ganz einfach zu sagen: Man kann nur eines von beiden tun (haben)./Entweder — oder!

js Werte (Wertvorstellungen) in Frage stellen/in Zweifel ziehen/anzweifeln

Die Jungen (Junge Leute) tendieren/neigen immer dazu, die Werte/Wertvorstellungen der Alten (der Älteren) in Frage zu stellen.

Ganz im Gegenteil.

R

to raise a problem (question) [of sb./sth.] ....

Mr Jenkins has just raised the serious problem (question) of young drug addicts.

to range from ... to ....

The subjects treated in this book range from gardening to motoring and mountaineering.

to reach a peak ....

Attempts on the lives of government officials have reached a new peak in the last few weeks.

to read sth. into sth. ....

He has read something that is not there into these happenings.

to refer to sb./sth. ....

What I have just said to you about the standard of living in the working class only refers to an affluent society like ours.

regardless of ....

All immigrants have to go through these formalities regardless of the country from which they originate.

to remain to be done ....

1 Much remains to be done.
2 It remains to be seen whether his predictions will come true.
3 That remains to be seen.

respective ....

All the political leaders claimed to respect pluralism in their respective nations.

ein Problem (eine Frage) [des/der ...] ansprechen/zur Sprache bringen

Herr Jenkins hat eben/gerade das ernste Problem (die ernste Frage) der jungen Rauschgiftsüchtigen angesprochen.

reichen von ... bis zu

Die Themen, die in diesem Buch behandelt werden, reichen vom Gartenbau bis zum Autofahren und Bergsteigen.

einen Höhepunkt erreichen

Attentate/Mordanschläge auf höhere Regierungsbeamte haben in den letzten Wochen einen neuen Höhepunkt erreicht.

etw. hineinlesen/hineindeuten/hineininterpretieren in etw.

Er hat etwas in diese Geschehnisse/Vorkommnisse hineingedeutet, was [gar] nicht da ist.

sich beziehen auf jn/etw.

[Das] was ich dir/Ihnen eben über den Lebensstandard in der Arbeiterschicht gesagt habe, bezieht sich nur auf eine Wohlstandsgesellschaft wie unsere.

ohne Rücksicht auf/egal (ganz gleich) ...

Alle Einwanderer müssen diese Formalitäten erledigen/abwickeln, egal (ganz gleich) aus welchem Land sie stammen (wörtl.: ohne Rücksicht auf das Land, aus dem sie stammen).

noch zu tun bleiben

1 Es bleibt noch viel zu tun.

2 Es bleibt abzuwarten (wörtl.: zu sehen), ob sich seine Voraussagen bewahrheiten werden/ob seine Voraussagen eintreffen werden.

3 Das bleibt abzuwarten.

jeweilig/entsprechend

Alle Regierungschefs behaupteten [von sich], den Pluralismus in ihren jeweiligen/entsprechenden Staaten zu respektieren.

to result from sth. ....
A lot of problems with teenagers result from the fact that parents are too permissive.

to result in sth. ....
Only 35 per cent of the disputes resulted in a victory for the workers.

to rule out the possibility that ....
We cannot rule out the possibility that there will be another wave of terror.

S

to seize upon sth. and blow it up into a major issue ....
Every disagreement within the Government is seized upon by the Opposition and blown up into a major issue.

to set great store by sth. ....
She sets great store by good manners.

to set an example ....
The French have set an example which Britain ought to follow.

to share an opinion (a view) ....
It is hard to believe [that] many people will share that opinion (view).

sth. should not go without comment ....
Peter's remarks should not go without comment.

to show [in sth.] ....
1 The poverty of the population shows, for instance, in their clothes.
2 She has not worked very hard, and it shows!

sich ergeben aus etw./resultieren aus etw./die Folge sein von etw.

Viele Probleme mit Teenagern ergeben sich daraus (aus der Tatsache), daß die Eltern zu viel erlauben.

enden mit etw.

Nur 35 Prozent der Auseinandersetzungen endeten mit einem Sieg für die Arbeiter.

die Möglichkeit ausschließen, daß

Wir können die Möglichkeit nicht ausschließen, daß es eine weitere/erneute/neue Terrorwelle geben wird.

etw. begierig aufgreifen und zu einem größeren Problem aufbauschen

Jede Meinungsverschiedenheit innerhalb der Regierung wird von der Opposition begierig aufgegriffen und zu einem größeren Problem aufgebauscht.

großen Wert legen auf etw.

Sie legt großen Wert auf gute Umgangsformen.

ein [gutes] Beispiel geben

Die Franzosen haben ein [gutes] Beispiel gegeben, dem Großbritannien folgen sollte.

eine Ansicht/Meinung teilen

Es ist kaum anzunehmen (wörtl.: schwer zu glauben), daß viele Leute diese Ansicht/Meinung teilen werden.

etw. sollte nicht kommentarlos/ohne Kommentar hingenommen werden

Peters Bemerkungen/Äußerungen sollten nicht kommentarlos hingenommen werden.

sich zeigen/sichtbar werden (sein) [an etw.]

1 Die Armut der Bevölkerung zeigt sich (sieht man) zum Beispiel an ihrer Kleidung.

2 Sie hat nicht sehr hart gearbeitet, das sieht man!

to shrug sth. off ....
You cannot [simply] shrug off such a problem.

to side with sb. ....
Whatever he says, I am quite sure that he sides with the Conservatives.

so far ....
So far no one has been charged.

So much for ... .
So much for the lack of long-range planning in our time.

so to speak (as it were) ....
I am here on a matter of business, so to speak (as it were).

to sound sb. out [on the subject of sth.] ....
The reporter tried to sound out the workers [on the subject of their working conditions], but he failed.

to spark sth. off/to trigger sth. off ....
The TV scandal has sparked off (triggered off) a nationwide discussion about the mass media.

to speak one's mind [freely] ....
In totalitarian regimes the man in the street is generally afraid to speak his mind [freely].

to speak volumes ....
The fact that he does not even greet his neighbours speaks volumes.

to specialize in sth. (to be a specialist in sth.) ....
He has specialized in contemporary art. (He is a specialist in contemporary art.)

to stand comparison with sth. ....
Most British products stand comparison with those of other countries.

etw. einfach so abtun/etw. mit einem Achselzucken abtun
Man kann so/solch ein Problem nicht einfach so abtun/nicht einfach mit einem Achselzucken abtun.

auf der Seite (auf seiten) js stehen/halten zu jm
Was er auch [immer] sagt, ich bin ganz sicher, daß er auf seiten der Konservativen steht.

bis jetzt
Bis jetzt ist niemand angeklagt worden.

Soviel zu ... (= Soviel wollte ich zunächst einmal sagen zu ...)
Soviel zu dem Mangel an langfristiger Planung in unserer Zeit.

sozusagen
Ich bin sozusagen geschäftlich (in einer geschäftlichen Angelegenheit) hier.

js Meinung sondieren/erkunden [über etw.]
Der Reporter versuchte, die Meinung der Arbeiter [über ihre Arbeitsbedingungen] zu sondieren/erkunden, aber er hatte keinen Erfolg damit (aber es gelang ihm nicht).

etw. auslösen
Der Fernsehskandal hat eine landesweite Diskussion/hat im ganzen Land eine Diskussion über die Massenmedien ausgelöst.

offen seine Meinung sagen/frei seine Meinung äußern
In totalitären Regimen hat der Mann auf der Straße (der Durchschnittsbürger) meist Angst, offen seine Meinung zu sagen/frei seine Meinung zu äußern.

Bände sprechen (= viele Schlußfolgerungen zulassen)
Die Tatsache, daß er nicht einmal seine Nachbarn grüßt, spricht Bände.

sich spezialisieren auf etw. (Spezialist für etw. sein)
Er hat sich auf zeitgenössische Kunst spezialisiert. (Er ist Spezialist für zeitgenössische Kunst.)

den Vergleich mit etw. nicht zu scheuen brauchen (wörtl.: dem Vergleich mit etw. standhalten)
Die meisten britischen Produkte/Erzeugnisse brauchen den Vergleich mit denen anderer Länder nicht zu scheuen.

to stick to one's opinion ....

I have done my best to convince her, but she sticks to her opinion.

to strike sb. [as particularly interesting] that ....

It strikes me [as particularly interesting] that he uses the same arguments over and over again.

suppose (supposing) ....

Suppose (Supposing) he does not give in after all, what shall we do then?

T

to tackle a problem/to tackle a situation ....

There might be another way of tackling the problem (of tackling the situation).

to take action against sb. ....

It seems that our Government is not prepared to take [any] action against the Soviet Union.

to take advantage of the fact that ....

Fashion designers take advantage of the fact that most women shudder at the thought of being seen in public in clothes that are out of fashion.

to take sth. at its face value ....

I took your father's assertion at its face value.

Take, [for example], sb./sth. ....

Take, [for example], the kind of person who is the butt of everyone's practical jokes in a workshop.

to take sth. into account (consideration) ....

You must take such an eventuality into account (consideration).

bei seiner Ansicht (Meinung) bleiben/auf seiner Ansicht (Meinung) beharren

Ich habe mein Bestes getan (Ich habe alles versucht), sie zu überzeugen, aber sie bleibt bei ihrer Meinung.

jm [als besonders interessant] auffallen, daß

Es fällt mir [als besonders interessant] auf, daß er immer wieder die gleichen Argumente verwendet.

angenommen/gesetzt den Fall

Angenommen/Gesetzt den Fall er gibt doch nicht nach, was sollen wir dann tun?

ein Problem anpacken (angehen)/eine Situation angehen

Es gibt vielleicht noch eine andere Möglichkeit, das Problem anzupacken/anzugehen (die Situation anzugehen).

vorgehen gegen jn/etwas unternehmen gegen jn

Unsere Regierung ist anscheinend nicht bereit/scheint nicht bereit zu sein, gegen die Sowjetunion vorzugehen.

sich die Tatsache zunutze machen, daß

Modeschöpfer machen sich die Tatsache zunutze, daß die meisten Frauen bei dem Gedanken schaudern, in der Öffentlichkeit mit Kleidern gesehen zu werden, die nicht mehr modern sind.

etw. für bare Münze nehmen (= etw. als Tatsache betrachten)

Ich habe die Behauptung deines Vaters für bare Münze genommen.

Nehmen wir (Nehmen Sie/Nimm) einmal als Beispiel jn/etw.

Nehmen wir (Nehmen Sie/Nimm) einmal als Beispiel so einen Menschen, der jedem als Zielscheibe (Opfer) für Streiche (Schabernack) in einer Werkstatt dient.

rechnen mit etw./etw. in Betracht (Erwägung) ziehen

Du mußt/Sie müssen mit einer solchen Möglichkeit (= mit einem solchen möglicherweise eintretenden Fall) rechnen.

to take into account (consideration) that ....
You must take into account (consideration) that the fabric of society in that country is completely different from ours.

to take measures ....
The measures he has taken will work wonders.

to take part in sth. ....
Thousands of people took part in the demonstration against the arrest of the opposition leader.

to take the line of least resistance ....
He always tries to take the line of least resistance.

to take the opportunity to do sth. ....
A lot of people took the opportunity to undergo extensive health checks.

Taking all that into consideration, ...
Taking all that into consideration, I still think the whole situation is not so confusing as it looks.

That is a chance we will have to take. ....

That is a matter of opinion. ....

That is anyone's (anybody's) guess. ....

That is for me (you, him, etc.) to decide. ....

That is [only] a drop in the ocean. ....

That is out of the question. ....

That remains to be proved. ....

The case is this: ... .

bedenken (berücksichtigen), daß/in Betracht (Erwägung) ziehen, daß

Du mußt/Sie müssen bedenken (berücksichtigen), daß die Struktur (das Gefüge) der Gesellschaft in diesem Land ganz anders ist als bei uns.

Maßnahmen ergreifen

Die Maßnahmen, die er ergriffen hat, werden Wunder wirken.

teilnehmen an etw.

Tausende von Menschen nahmen an der Demonstration gegen die Verhaftung des Oppositionsführers teil.

den Weg des geringsten Widerstandes gehen

Er versucht immer, den Weg des geringsten Widerstandes zu gehen.

die Gelegenheit ergreifen (wahrnehmen), etw. zu tun

Viele Leute ergriffen die Gelegenheit (nahmen die Gelegenheit wahr), sich gründlich untersuchen zu lassen (wörtl.: sich eingehender Gesundheitsüberprüfungen zu unterziehen).

[Selbst] wenn man alles das berücksichtigt (in Betracht zieht), ...

[Selbst] wenn man alles das berücksichtigt (in Betracht zieht), ist die ganze Lage, glaube ich, doch nicht so verwirrend, wie sie aussieht (wörtl.: ... , glaube ich doch, daß die ganze Lage ...)

Dieses Risiko werden wir [schon] eingehen (auf uns nehmen) müssen./Das werden wir [schon] riskieren müssen.

Das ist Ansichtssache.

Darüber kann man nur Vermutungen anstellen./Das kann niemand [genau] vorhersagen/vorhersehen.

Das muß ich (mußt du, muß er, usw.) entscheiden.

Das ist [nur] ein Tropfen auf den heißen Stein.

Das kommt nicht in Frage.

Das wäre erst noch zu beweisen.

Die Sache ist die: ... /Der Fall liegt so: ...

The fact is that ... .

The fact is that both sides expressed satisfaction over the agreement.

The fact remains [that ...] ....

He has given a plausible enough excuse, but the fact remains [that he arrived home late].

the following ....

At the press conference the Prime Minister said the following:

the good (bad, interesting, disturbing, etc.) thing about it (this/that) is that ....

Taking the job involves living in France. The disturbing thing about this is that I do not speak French.

the key to sth. lies in sth. ....

The key to the solution of many political problems lies in a wider understanding of the economic facts of life.

The long and the short of it is that ... .

The long and the short of it is that we must take the initiative.

The point is that ... .

The point is that schools are not controlled by a central authority.

the reverse procedure ....

Roger first looks up all the new words and then reads the text. To my mind the reverse procedure is much better.

The truth is that ... .

The truth is that women continue to be regarded as second-rate citizens.

Tatsache ist, daß ...

Tatsache ist, daß beide Seiten ihre Befriedigung (Genugtuung) über die Einigung zum Ausdruck gebracht haben/daß sich beide Seiten befriedigt über die Einigung geäußert haben.

Die Tatsache bleibt bestehen, [daß ...]

Er hat eine durchaus einleuchtende Entschuldigung/Erklärung vorgebracht, aber die Tatsache bleibt bestehen, [daß er spät/verspätet zu Hause angekommen/eingetroffen ist].

folgendes

Bei der Pressekonferenz sagte der Premierminister folgendes:

das Gute (Schlechte, Interessante, Störende, usw.) daran (an der Sache) ist, daß

Wenn ich die Stelle nehme/annehme, muß ich in Frankreich wohnen (bedeutet das, daß ich in Frankreich wohnen muß). Das Störende daran (an der Sache) ist, daß ich kein Französisch [sprechen] kann.

der Schlüssel zu etw. liegt in etw.

Der Schlüssel zur Lösung vieler politischer Probleme liegt in einem größeren/umfassenderen Verständnis der wirtschaftlichen Fakten des Lebens.

Mit einem Wort/Kurzum, ...

Mit einem Wort/Kurzum, wir müssen die Initiative ergreifen (wir müssen den ersten Schritt tun).

Die Sache ist die, daß ...

Die Sache ist die, daß die Schulen nicht von einer zentralen Behörde beaufsichtigt werden.

das umgekehrte Verfahren

Roger schlägt zuerst alle neuen Wörter nach und liest dann den Text. Meiner Ansicht/Meinung nach ist das umgekehrte Verfahren viel besser.

In Wirklichkeit ... /Tatsache ist, daß ...

In Wirklichkeit werden die Frauen weiterhin als Bürger zweiter Klasse betrachtet./Tatsache ist, daß die Frauen weiterhin als Bürger zweiter Klasse betrachtet werden.

the underlying idea ....
The underlying idea of the whole reform is equality of opportunity.

There are [always] two sides to every question. ....

There is no doubt that ... .
There is no doubt that production will be stepped up before long.

There is no sense in doing sth. ....
There is no sense in going on strike.

to think along these (the same) lines ....
I expect many people are thinking along these (the same) lines.

To begin with, . . . (To start with, . . .) ....
It is practically impossible to clear up the case. To begin with, the police have only very few facts to go upon.

To come back to what was said in the beginning (a few moments ago), ...

To hear some people speak (talk), you would think [that] ...
To hear some people speak (talk), you would think [that] every British adult lived on welfare.

to some extent/to a large extent ....
I agree to some extent (to a large extent) with what Mark has said.

To sum up, we can say that ... .
To sum up, we can say that women are equal and often superior to men in almost every field.

to treat a problem (a question) in [some] detail ....
We should treat this problem (question) in [some] detail.

die zugrunde liegende Idee

Die der ganzen Reform zugrunde liegende Idee ist die Chancengleichheit.

Jede Sache hat ihre zwei Seiten.

Es besteht kein Zweifel daran, daß ...

Es besteht kein Zweifel daran, daß die Produktion in Kürze (bald) gesteigert [werden] wird.

Es hat keinen Sinn/Zweck, etw. zu tun.

Es hat keinen Sinn/Zweck zu streiken.

so (ebenso) denken/diese (die gleiche) Ansicht vertreten

Ich glaube, viele Leute denken so (ebenso).

Zunächst einmal/Erstens ...

Es ist praktisch unmöglich, den Fall aufzuklären. Zunächst einmal/Erstens hat die Polizei nur sehr wenig Fakten, an die sie sich halten kann (die sie als Anhaltspunkte verwenden kann).

Um [noch einmal] zurückzukommen auf das, was am Anfang (vorhin) gesagt wurde, ...

Wenn man einige Leute so reden hört, könnte man denken, daß ...

Wenn man einige Leute so reden hört, könnte man denken, daß jeder Erwachsene in Großbritannien von der Wohlfahrt/Fürsorge lebt.

bis zu einem gewissen Grade/weitgehend

Ich stimme Marks Worten/Ausführungen (wörtl.: dem, was Mark gesagt hat) bis zu einem gewissen Grade (weitgehend) zu.

Zusammenfassend kann man sagen, daß ...

Zusammenfassend kann man sagen, daß die Frauen den Männern gegenüber auf fast jedem Gebiet gleichwertig und oft überlegen sind.

ein Problem (eine Frage) [ziemlich] ausführlich behandeln

Wir sollten dieses Problem (diese Frage) [ziemlich] ausführlich behandeln.

U

to undergo a change ....
Schools have undergone a series of changes since World War II.

Understandably, ...
Understandably, Jenny did not keep the information to herself.

V

to vary from ... to ... .
We estimate that delays will vary from two hours to six or seven.

to vary from one place (country, village, etc.) to another .....
Customs vary from one place to another.

to vary from place (country, village, etc.) to place (country, village, etc.) ....
Customs vary from place to place.

vice versa ....
We buy their products and vice versa.

to voice one's feelings (thoughts, etc.) ....
He did not dare to voice his feelings.

W

When it comes to doing sth., ...
When it comes to speaking one's mind [freely], people react differently.

eine Veränderung durchmachen

Die Schulen haben seit dem zweiten Weltkrieg eine Reihe von Veränderungen durchgemacht.

Verständlicherweise ...

Verständlicherweise behielt Jenny die Nachricht/Information(en) nicht für sich.

schwanken/sich bewegen zwischen ... und ...

Wir schätzen, daß sich die Verspätungen zwischen zwei Stunden und sechs oder sieben Stunden bewegen werden.

von einem Ort (Land, Dorf, usw.) zum anderen verschieden sein

Die Bräuche/Gewohnheiten sind von einem Ort zum anderen verschieden.

von Ort (Land, Dorf, usw.) zu Ort (Land, Dorf, usw.) verschieden sein

Die Bräuche/Gewohnheiten sind von Ort zu Ort verschieden.

umgekehrt

Wir kaufen ihre Produkte/Erzeugnisse und umgekehrt.

seine Gefühle (Gedanken, usw.) in Worte fassen/seinen Gefühlen (Gedanken, usw.) Ausdruck geben (verleihen)

Er wagte nicht, seinen Gefühlen Ausdruck zu geben (verleihen).

Wenn es darum geht, etw. zu tun, ...

Wenn es darum geht, offen seine Meinung zu sagen, reagieren die Leute verschieden/unterschiedlich.

a wide gulf between sth. ....
There is still a wide gulf between the outlook on life of the middle class and that of the working class.

wishful thinking ....
That is nothing but wishful thinking.

with regard to/concerning ....
What measures do you intend to take with regard to (concerning) the shortage of skilled workers?

Y

You are in good company. ....

You can take my word for it. ....

You never can tell. ....

eine tiefe Kluft zwischen etw.

Es besteht immer noch eine tiefe Kluft zwischen der Lebensauffassung (Lebensanschauung) der Mittelschicht und der der Arbeiterschicht.

Wunschdenken

Das ist nichts als Wunschdenken.

hinsichtlich (in Hinblick auf)

Welche Maßnahmen willst du/wollen Sie in Hinblick auf den Mangel an Facharbeitern ergreifen (beabsichtigst du/beabsichtigen Sie ... zu ergreifen)?

Du befindest dich/Sie befinden sich in guter Gesellschaft.
(= Viele angesehene Leute denken/handeln so wie du/Sie.)

Du kannst/Sie können es mir glauben.

Man kann nie wissen.

Formulierungen zum organisatorischen Ablauf von Konferenzen und Sitzungen

the chairman of a conference/meeting	*der Vorsitzende (Leiter) einer Konferenz/Tagung/Sitzung*
the members of a conference/meeting	*die Teilnehmer einer Konferenz/Tagung/Sitzung*
the delegates	*die Delegierten*
to attend a conference (meeting)/to be present at a conference (meeting)	*an einer Konferenz/Tagung/Sitzung teilnehmen*
to call a meeting for nine o'clock	*eine Sitzung/Versammlung für neun Uhr einberufen*

to open the conference/meeting	*die Konferenz/Tagung/Sitzung eröffnen*
to be a quorum	*beschlußfähig sein*
item/discussion point [on the agenda]	*Punkt [der Tagesordnung]/Tagesordnungspunkt*
to be on the agenda	*auf der Tagesordnung stehen*
to add an item/discussion point to the agenda (to put an item/discussion point onto the agenda)	*einen Punkt auf die Tagesordnung setzen*
to delete an item/discussion point from the agenda	*einen Punkt von der Tagesordnung streichen*
to take the minutes	*das Protokoll führen*
to read out the minutes	*das Protokoll verlesen*
to refer questions to the floor	*Fragen an die Versammlung weiterleiten*

to announce a [slight] change of programme to sb.	*jm eine [kleine] Programmänderung ankündigen/mitteilen*
to call sb. to order	*jn zur Ordnung rufen*
to restore order	*die Ruhe wiederherstellen*
to raise a point of order	*eine Frage zur Geschäftsordnung stellen*
to raise objections to the methods of procedure	*Einwände gegen die Verfahrensweise erheben*
to accept an objection	*einem Einwand stattgeben*
to overrule an objection	*einen Einwand zurückweisen*
to adjourn the conference/meeting	*die Konferenz/Tagung/Sitzung vertagen*
to close the conference/meeting	*die Konferenz/Tagung/Sitzung schließen*

to move that sth. be done/that sth. should be done	*beantragen, daß etw. getan wird*
to propose a motion	*einen Antrag stellen*
to take part in a discussion	*sich an einer Diskussion beteiligen*
to raise one's hand	*die Hand heben/sich zu Wort melden*
to keep a list of speakers	*eine Rednerliste führen*
Does anyone else wish to speak/to add anything/to take the point further?	*Möchte noch jemand etwas dazu sagen?/Möchte sich noch jemand dazu äußern?*
to be for (in favour of)/against a motion	*für/gegen einen Antrag sein*
to vote [on/for/against a motion]	*abstimmen [über/stimmen für (gegen) einen Antrag]*

to put it to the vote/to take a vote on it	*darüber abstimmen*
to be ready to vote/cast one's vote	*zur Abstimmung bereit sein*
to decide on a motion	*über einen Antrag entscheiden*
to abstain from voting	*sich der Stimme enthalten*
15 votes for, 12 against and 7 abstentions	*15 Stimmen dafür, 12 dagegen und 7 Enthaltungen*
to count the votes	*die Stimmen zählen*
The motion is (has been) carried [unanimously].	*Der Antrag ist [einstimmig] angenommen.*
The motion is (has been) rejected [by 23 votes to 12].	*Der Antrag ist [mit 23 zu 12 Stimmen] abgelehnt.*
The voting has resulted in a tie.	*Die Abstimmung hat Stimmengleichheit ergeben.*
to demand a re-count	*eine nochmalige Zählung [der Stimmen] verlangen*
to take a second vote	*noch einmal abstimmen*
to pass a resolution [unanimously]	*[einstimmig] einen Beschluß fassen/ eine Resolution verabschieden*

Deutsches Register der Übersetzungen

Das deutsche Register erfaßt nur die halbfett gedruckten Kernwendungen aus dem *Diskussionswortschatz* und die *Formulierungen zum organisatorischen Ablauf von Konferenzen und Sitzungen,* nicht aber das Sprachmaterial aus den Anwendungsbeispielen.

E

F

L

M

N

O

P

R

S

T

U

V